Oikeastaan aika hyvä

Teemu Paarlahti

OIKEASTAAN AIKA HYVÄ

Sielun tila Vilppula

1994-2018

© 2018 Paarlahti, Teemu
Kustantaja: BoD – Books on Demand, Helsinki, Suomi
Valmistaja: BoD – Books on Demand, Norderstedt, Saksa
ISBN: 978–952–80–0289-5

Julkaisin vuonna 2001 runokirjan Vilppulasta.

Kuulin jonkun puhuneen kylillä,

että kirjoittikohan se sen

vaalikampanjaksi kirkkoherrakilpaan.

Niin kuin minua olisi kiinnostanut

kirjoittaa vaalikampanjaksi.

METSÄN KESKELLÄ JUGEND

Valikoima kokoelmasta

Vilppula, sielun tila

(2001)

Yritän paikoittaa sanoja

kiintolevylle, sieltä ne saattaa

ihmisten valoihin todeksi vannotut maisemat

omiani katselen pienessä haikeudessa

mietin, onko heinänkorressa rakastettavaa

olenko heinänkorsi.

Olohuoneen lattialla kasassa kaikki

tavarat, tytär, vaimo

päälle kaatuu kuusten katve, tästä

alkaa Vilppulan aika

jatkuu kunnes olen

       vilppula.

Perjantai-iltana kunnantalon portaat

tärkeintä mitä tapahtuu

hammaslääkärin viimeinen asiakas pujahtaa

kiertoliittymään, suihkulähde vuotaa kuin ien

vesitornin merkit uhkuvat, kun pimeä koittaa

ihoa.

571 neliökilometriä koillista leveyttä,

nitro kielen alle ja rillumarei.

Tule viihtymään, meillä on tilaa

arkkuhautauksille.

Montun pohjalla

matalan profiilin kirkko

julistaa Korkeimman kunniaa.

Ympärillä positiivinen kenttä

kaikki laskettu yhteen odottamaan.

On hautausmaalla mittaa, kun kävellään ylämäkeen
sade remuaa varjon takana
tuuli panee surutta
parastaan.

tiellä liikkuu puu, ihmiset kahteen suuntaan
tänne tulossa jokainen.

On hautausmaalla mittaa, kun kävellään ylämäkeen
isättömät, käytävä juoksee vastaan
uurteita kalmiston kasvoihin

kirkko katsoo takaa kosteilla silmillään
työntää ääneti kohti
kirkastuvaa.

Mutta on hautausmaalla mittaa.

Jeesus Hämäläinen vuoritiellä

katsoo omiaan puhumatta

minä olen alku ja loppu, enemmän

kuin sata vuotta

      mies silmät lattiassa

      nauttii taskunlämpimän viinin

      sisällä vavahtaa Herra armahda

      vaimonsa tappanutta.

Eihän kukaan käy kirkossa

yöllä, joten tämä oli hyvä paikka

mutta sitten ne rupes tekeen lenkkinsä tätä kautta

se näytti valoa ja kyseli papereita

pahemmin kuin äitimuori

ohuen seinän läpi.

Vanha kirkko kuusiaidan takana

jos ei toivo, niin ymmärtää

paremmin kuin kirkonmiehet, vartiomiehet

kun se autokin oli sellainen pieni

japanilainen.

Loppu on lähellä,

ottakaamme sen kunniaksi

kukat esiin!

He ovat pukeutuneet pitkiin valkeisiin vaatteisiin

ja juoksevat

lapsuutensa finaalissa Ruusuikkunan Kievarista

ulos, missä kummisedät nappailevat

kuvia, joku äiti erehtyy vielä

pyrkimään syliksi

sekoittuvat kesään ja sorinaan.

Paholaisen keksinnöistä nerokkaimpia

on sellofaani.

Saksofonin sävelet kiipeilevät urkuparvelta

hellästi paisuen

livahtavat ovesta lauantai-iltaan ja lähtevät

Kolhon suuntaan, sitten ylös alas

Tammikosken tietä ohi Mäkelän ranchin

Elämänmäelle päin

kantavat soittajaa hyvyyden voiman suojaan.

Pihalla palaa

Vahon paatin ajovaloja

tyhjällä täkillä tammikuun uutta lunta

matkalla pyykkituvalle hän hymähtää

jo ensi vuonna siviilissä

TERVETULOA

pahojen poikien luostariin

missä paukkuvat kangaspuut

metsän keskellä Jugend.

Laiturilla makaa mies

kuva pohjassa

katselee ilman kiireitä

aikaa on ensi vuoteen

ottaa aurinkoa, ei satele

työtarjouksia.

Pitkä ja kapea on valtion pyykkilauta

pakoputki vapisee

ylös ristille noustuani en muista enää

vieläkö koivut kasvavat sen varrella.

Tien päässä aika

monta vuotta ihmisestä.

Hei beibi mennään Kolhoon

laukaistaan baby boom kyllästämön hajussa

näytetään muuttotappiotilastoille

meitä on monta miljoonaa vilppulaa.

Kirjasto on sullottu herran kukkaroon

kevyt tuuli puhaltelee auki kahlitusta ovesta

miehen, joka ei vaivaudu remontin jälkeen

runot on pantu nurkkaan

valitsee kaksi nidettä silmien korkeudelta, niin
tyypillistä
ja hyvä on elää kartan reunalla
kaiken kesken.

Vilppula, sielun tila

humalaisen väsähtänyt tunnelma

odoteltaessa seuraavaa pohjoisen junaa

koski jammailee

jatsia ja kalaa, ne kasvavat vielä

puheissa

aurinko laskee kaksi miestä veneessä

soutaa illasta kotiin.

MAISEMASSA

Esitetty osana Tertun enkelit –kollektiivin *Vilppulan vaiheilla 2018* –tuotantoa Vilppulankosken koululla 4.3.2018

"Oman aikaansaannokseni lähtökohtana on minussa vuosia elänyt ajatus siitä, miten jokainen maisema on historiallinen maisema. Menneisyys on lopulta aina läsnä. Arkiaamuinen tieni Tampereelle oli sata vuotta sitten tympeän tappamisen tanner. Kotiseurakuntani kirkkoa käytettiin sisällissodassa tähystyspaikkana, kirkkomaahan kaivettiin juoksuhautoja ja urut ammuttiin nuuskaksi. Muistomerkit muistuttavat." -Paarlahden leveydeltä –blogi 13.3.2018

Jostakin on lähdettävä, tähänkin juttuun.

Koti tuntuu siihen sopivalta paikalta.

Hopunmäki panee läähättämään

kuppikoko E myötä- ja vastoinkäymisessä

hyökkää jalkoihin

hiki kihoaa leimikkoon

tuo tie hakkuun syrjää

olen siinä välillä, kunnes kuolema erottaa.

Oikealle jää mäensyrjä, johon ammuttiin

vangitut punakaartilaiset kevättalvella 1918.

Ei tarvinnut viedä Mänttään.

Lukuja tilastosarakkeessa. Muutama ihmiselämä.

Niitä sattuu.

Heidän asuinsijansa eivät heitä muista

enkä minäkään tunne

kaikkea mikä on

sisäisesti minussa.

Pyöräilen yhdeksän kilometriä Vilppulan kirkolle. Se on entinen kotikirkkoni, komea puinen herranhuone vesireitin varrella. Olen vieraillut elämäni aikana kymmenissä ja taas kymmenissä kirkoissa sekä Suomessa että ulkomailla. Vilppulan kirkko kuuluu niiden joukossa lemmikkeihini.

Vilppureitin vartiotorni

tähystyspaikka neljään suuntaan

olleeseen tulevaan itseeni ikuiseen

huoltoasema virran kolkommalla puolella,

täältä voit kysyä siltaa ja tietä.

Vilppulan kirkko on oikeaoppisesti itä-länsi-suunnassa, asemoituna näin viestimään isäntänsä asioita. Kun narautan oven auki, voin kävellä synteineni pitkin käytävää itään, joka jo Vanhassa testamentissa on Jumalan ilmansuunta. Sieltä katsovat Vapahtajan kasvot. *"Niin kaukana kuin itä on lännestä, niin kauas hän siirtää meidän syntimme."* Psalmin 103 sanat saavat näkyvän hahmon kävellessäni kohti **Pekka Halosen** maalausta *"Kristus vuoritiellä."*

Kirkko on seissyt vartioimassa Vilppureittiä yli sata vuotta. Rakentajat ovat jo ajat sitten päättäneet elämänsä. Kaikenlaista remontoimista se on tietysti käynyt läpi. Väri on vaihtunut, samoin saarnatuolin paikka. Monia ilon ja surun tarinoita voisivat nämäkin seinät kertoa, osan uudemmista tunnen. Kaikkea nämäkään seinät eivät kerro.

Ikkunan takana Vilppureitin vesi on vihertävää ja tyyntä. Se virtaa pikkuhiljaa, kuin aika. Syntyy veden lumo.

Maisema.

Minulle se on ollut rauhaa

ja tylsää kesäaurinkoa

vaari keräsi siitä poikana hylsyjä

isä kertoi

enkä muista isän muulloin kutsuneen vaaria
isäksi.

Hylsyjä ei ollut pitkin mäkiä kaljanjuonnista.

Isotäti upotti ne sittemmin selkään

kun pelkäsi loppuräjähdystä.

Se vitutti vaaria vuosia.

Kun maalasimme talkoilla sukulaistaloa
Kangasniemellä

pääty, johon sähkölinja tuli sudittiin isotädin
ollessa käymässä

Jyväskylässä.

Maisema on opettanut paljon, senkin,

ettei kohta verkoilta tultuaan kannata heittää tikkaa.

Vilppulan kirkko ei olisi laisensa ilman vettä. Ennen vanhaan sitä pitkin kuljettiin kirkkoon. Itsekin muistan jonkin juhannuspäivän, kun saattelimme vuolteen rannassa koivujärveläisten kirkkoveneen matkaan messun jälkeen. Vesistö muodosti myös luonnollisen rintamalinjan, joka keväällä 1918 löi traagisen varjonsa Vilppulan ja sen kirkon historiaan.

Muistomerkit kahden puolen virtaa

voisivat kävellä kättelemään

elleivät olisi ihmisten

      kiveen kirjoittamia

lopputuloksia ristisarakkeessa

tänne ovat tulleet Lapualta

      milloin urhot

      milloin piispat

      soittamahan, laulamahan.

"Säteilevän tyynenä ja helteisenä aamuna pitkä kävely Vilppulan kirkkomaalla. Kesä kauneimmillaan. Vedet leviävät tyyninä ja harmaanvihreinä", **Olavi Paavolainen** kirjoittaa Synkän yksinpuhelun alkusivuilla. Hän oli saanut kesäkuussa 1941 hämmästykseen komennuksen pieneen hämäläispitäjään, jolla hän ei kuvitellut voivan olla mitään tekemistä uhkaavan sodan kanssa.

Paavolainen löysi Vilppulan hautausmaalta 51 puuristiä kertomassa talvisodan menetyksistä. Kirjailijaa kiinnostivat myös vuoden 1918 punaisten haudat. Haudankaivajan ihmettelevän kysymyksen *"Jaa – ettäkö ne sankarit?"* jälkeen ne löytyivätkin.

"Terveisiä Lapualta!"

Piispa Yrjö Sariolan sanat tavoittavat kuulijoiden

korvat. On menossa piispantarkastus Vilppulan seurakunnassa armon vuonna 1994.

Piispa jatkaa: *"Näillä sanoilla on ollut joskus eri kaiku kuin tänään."*

Eletään historiallista hetkeä. Vähän myöhemmin piispa avustajineen siunaa haudan lepoon Vilppulan kirkkomaan joukkohautaan kätketyt vuoden 1918 punaiset kaatuneet. Heidän ylleen ristinmerkki on jäänyt silloin piirtämättä.

Lapuan piispan sanat rakentavat nyt sovinnon siltaa.

Punaisten muistomerkki vesireitin varrella sai näkyvän muotonsa vasta seuraavana vuonna. Valkoinen puoli oli pystyttänyt patsaansa jo 1937.

Pioneerit ovat saartaneet kirkon.

Halusin näyttää sinulle maailman

rauhallisen kolkan, josta saat katsoa

kaksivuotiaan silmillä

neljään suuntaan jotka näet todeksi

minua paremmin.

Mutta niillä on aseet, niissä on pelko

pioneerit ovat saartaneet kirkon.

Vapaussota kuvina isotädin hyllyssä.

Lehteilen halukkaasti.

Voittoisa sota! Kerrankin!

Turpiin vaan ja onnea.

Pala palalta ymmärrän,

ettei ole voittoisia sotia.

Niissä kaikissa ammutaan omia.

Sankari

        vainaja,

niin turha sankarivainaja

kaksitoistavuotias

Väärinmajan rintamalla

kappale mielikuvakirjaa ajalta

jolloin kaiken näki oikein,

kun oli kotona opittu.

Muistomerkin kohdalta on poikettava metsään

kusemaan äiteen kahveet.

Koulussa en tykännyt historiasta,

mulla oli siitä kymppi

muuten vaan.

Opin puhumaan sisällissodasta.

Opin miettimään,

onko jokainen sota vapaussota,

jokainen vapaussota sisällissota.

Minulla omani ja minussa.

Näen paljon, ymmärrän vain vähän.

Piirrän vaakunaan junan

kolina kirkastuu tultaessa sillalle

olen aina rakastanut vetureita,

ne vetävät minua

Haapamäelle ja Eurooppaan

pienille, raukeille asemille

suurten hallien varuillaanoloon

joka saa käden kaivamaan askista

viimeistä, käyräksi ryttääntynyttä savuketta

monet nousevat kyytiin

etsivät paikkaansa

kotiin palaavat ajatukset

sahan metelistä en sano mitään

se kuuluu tänne

asetan standaariksi pöydänkulmalle

ja katselen

olen vain hyvin

      vilppula.

Vaakunassani on punaista ja valkeaa.

Olen suomalainen.

Sitten taas lähden

ja jään.

Katsokaa!

Soita kankaita harjuja

tuuli puhaltaa

pisaratartuntaa

jykevät näsinneulat pistelevät taivasta

levittävät vuosirenkaansa maisemaan

kaarnalaivan ainekset

lapsuus palaa pintaan

kuka pelkää mustaa poikaa

siilitukassa

vilppula on sisäisesti teissä

metsissä.

Pyöräilen yhdeksän kilometriä Vilppulan kirkolta.
Johonkin on palattava, tästäkin jutusta.
Koti tuntuu siihen sopivalta paikalta.

Katselen jäälle

yö roikaa

selkä elää

Jumala jättänyt

pari tähteä päälle.

Juureni tässä pimeässä.

"Kunnes taas lähden."

– Mika Jokinen

JÄLKIKIRJOITUS

MÄNTTÄ-VILPPULASSA

Tänä kevättalvena olen maisemassani kaikessa rauhassa. Samalla tulen tietoiseksi siitä, että olen kansaa, joka on kävellyt kutakuinkin kuivalle ja kantavalle maalle siltä helvetilliseltä suolta, jossa olimme vuosisata sitten.

Siinä on toivo. Olkoon myös ilo ja valo.   Pyydän, että astut maisemaan.

(*Paarlahden leveydeltä* –blogi 13.3.2018)

VANKILA KASVAA TOMAATTEJA

Vankila kasvaa tomaatteja.

Haen puutarhalta laatikon

ja muistelen työkavereita

niitä, jotka olen siunannut hautaan,

niitä, joiden lapsia olen siunannut elämään.

Yhden vuoksi kävin Tapparan matsissa.

Se jätti sieluuni harakanvarpaan.

(I'm the ocean me hoilattiin

niin

ja laseja nosteltiin)

Pannukahvi

B-luokan makkarat

kakkua.

Valtion saari

valtion miehet

mutta eväät

kauppa-autosta haettiin ja omat

ne on

se on

saatana kun on kaukana kavala maailma.

(I'm the ocean me hoilattiin

ja mustia niin

laseja nosteltiin)

Järvi ja saari

nurmikot, jotka kesä kehittää väreihin,

kivitalojen vankka oleminen.

Tässä maailmassa maksa lepää,

pastori kävelee pihan halki kerran viikossa

niin kuin vastaräkki laulaisi, puusepissä pesii

kansakoulun veistotunti.

Aamulla tipahdan vapaaksi keskeneräiseen
maailmaan.

Niin meni talvi kirjoittamatta

uusia runoja,

kesä selatessa vanhoja

vinyylejä.

Mene töihin, tule töistä.

Elä sirpale, joka on unohtunut

valon ja varjon rajaan.

Kävele itsesi vapaaksi.

Illtalenkillä minuun tarttuu mies

juomaseuran keskeltä

koura kuvitetun varren päässä ja ääni

sammalen seasta

sanoo hei me nähtiin Vilppulassa ja puristaa

tervehtii koiraa, se haistaa.

Hyväksyy.

Ilta tulee varkain.

Muuri heittää varjonsa ja saa saaliikseen

ikävää.

Taivaan laki hohtaa

radaltaan eksyneessä pilvessä.

Valo hajoaa ja kirjoo sellin seinän

Miss Elokuun.

Siinä kaikki.

Kolmekymmentä vuotta.

Noin kaksi elinkautista.

Joku senkin on lusinut

aamuvuorot iltavuorot yövuorot

joulut juhannukset aatot

kauppareissut kirkkoreissut

kelat ja kirjastot

puhalluttanut puhaltajat

ajanut ylinopeutta koivukujalla mennen tullen.

Pastori soittaa kotimatkalta,

kertoo nähneensä bussipysäkille seisahtuneen auton.

Siihenkin on tarttunut.

Elämä risainen ja hellittämätön.

(Vilppulan vankila 1988-2018)

Heittäydymme teologiseen debattiin.

Pitääkö taivaassa käydä paskalla?

Onko minulla oikeus istua siellä

ulkohuusin ovi auki ja seurata

vesilintujen pelehtimsitä lahdella?

Meidät armahtaa Jumala suuressa viisaudessaan

ja Miss Elokuu.

Sataa lunta.

On pimeää kaukana Kontulasta.

Elohopea laskee

yhden päivän lusituksi.

Vilppulan tähdet paimentavat omiaan.

Perjantaina on taas kiire

vankilalle,

puutarha menee kiinni

ja tomaatit kypsyvät.

Pihatien rahina saa haikeaksi:

tämä oli vuosia osa minua.

Maksoin oppirahat

ja opintolainan.

NUNA MENEE

Lippalakki päähän ja menoksi

sinisessä vaunussa suvensineen!

Ensimmäinen matka on aavistus

Vilppulasta Haapamäelle ja takaisin

kaiken kulkemisen tarpeellisuudesta

kaukana tieto muista matkoista,

viimeisestä,

kaukana kavala markkinatalous

yhtä matkaa toistasataa vuotta,

siinä kiireet yhden kiskoparin radalla

kun odotetaan lippalakki päässä

konduktööriä ja vuosituhannen vaihdetta

sinisessä vaunussa

suvensinessä.

Valehtelisin, jos väistäisin

vuoden 1918 tapahtumat pakkasaamuna Vilppulan asemalla.

Tänään täällä ei ammuta ketään

kiskobussin valot

pohjoisen suoran päässä

pyyhkäisevät tien Tampereelle,

tai mistä sen tietää.

Kun aamujuna saapuu Vilppulaan,

siinä on neljä matkustajaa.

Yksi heistä istuu minun paikallani.

Ehkä loppu päivästä menee hyvin.

Ehkä kirjoitan tästä kaksitoistatahtisen

ja jätän sen kotimatkalla soimaan asemalle.

Viski on juotu, nainen mennyt

ja juna korvattu bussikuljetuksella.

Bussin matkustusaika on pitempi kuin junan,

VR määrittää paljonko on tarpeeksi paljon.

Toissapäivänä kuljettaja eksyi Orivedellä,

tänään menemme harhaan Korkeakoskella.

En ole koskaan aikaisemmin käynyt

sikäläisen Salen takapihalla.

Oravanpyörä ahdistaa. Rauhallisia liikkeitä siis!

Osuusliikkeen takusta arki-iltana kellon käydessä kymmentä
tarjoaa elämään lisäarvoa.

Painan playta ja matkustan

kevääseen 1918.

Suljen silmät ja hetken

on sama missä olen.

Taidekaupunginvaltuutettu kertoo,

että kiskobussi on seutukunnalle
vetovoimatekijä.

Toivotan hänet tervetulleeksi

todellisuuteen.

En muuttaisi tänne kiskobussin takia.

Kiskobussin takia en ehkä muuta pois.

Eläköön se pieni.

Nuna menee!

Tyttö huudahtaa

kun veturi vislaa ja vetää letkaansa

sillan yli etelään.

Nuna on mennyt

ja vienyt tytön niin kuin tytöt viedään täältä

omistamaan audinsa ja talonsa muualla,

jättänyt maiseman katsojaan jäljet ja ajan

kun meidän naapurissa asui kirkkoherra Ami

ja kävelyretki koskelle oli jännittävä.

Nuna menee

ja tuo takaisin illansuussa.

Karistan savukkeesta haikean tuhkan.

Hengitän sisään ja keskityn

elämään.

OIKEASTAAN AIKA HYVÄ

Vartio tornilla.

Kaveri kiitetään kuolleeksi.

Puustinen puhaltaa parvella

oboeta

minä katkon alttarilla

virtapiirejä

jakaessani ehtoollista

albassa, jota Topi kutsui työkonemalliksi,

hänkin jo soittelemassa paratiisin lehdellä.

Kristus vielä

vuoritiellä.

Ei ole vuosi -95.

Ikä menee jäseniin

ja sitten kaikki meissä on yhtä

huonosti seisovaa viisautta.

Koillinen leveys.

Metsän keskellä ruuhkavuodet.

Kun annan selityksen elämästä

puhun kehitystehtävästä

joka onnistuu

kiistän kaipaavani vaahtopäitä,

kerron oppineeni rakastamaan

varjoisia vesiä

miten mukava on kellahtaa

vaimon viereen

ja kuunnella kehrääjälintua.

Joskus suon kuvan kuitenkin viedä koko näytön

ja etsin kuin vanha juoppo

kadonnutta puolikastani.

Ajan pohjoiseen taajamaan.
Se on meiltä päin selän takana ja siitä eteenpäin
maasto on einarivuorelaa.
Lakkautettu varuskunta iskee oikeasta sivustasta,
vanhasta muistista.

Siunattuja ovat! tyhjenevät kasarmit,
jos ne merkitsevät sotien päättymistä
ja maailman kasvamista aikuiseksi.

Sitä odotellessa juomme Mäkelässä kahvit
ja laulamme taivasikävään.

Tie kotiin päin on sulanut uriksi, ilma vetistelee
tuulilasin.
Tällaiseksi se menee aina
että kevät tulisi
ja saataisiin jokin ylösnousemus.

Maaliskuu täyttyy taivaalla.

Varjot sen taustalla on photoshopattu.

Pakkanen haukkuu saunan nurkalla.

Sielu hakee tilaansa.

Päässäni on ajatus ja kukko

hikoilee kädessäni.

Pakkanen ei tule sisään,

ajatus ulos.

Samassa laulaa kukko.

Pääsiäinen.

Nousen Kristuksen kanssa

vanhainkodin hissillä.

Kristus sanoo

tämä on minun.

"Aurinkomme ylösnousi"

seurakunta maalaa pääsiäisaamun kankaalle

omii taivaankappaleen

ja Kristuksen.

Siunatkoon.

Sitaatti: Virsi 105 (Leonad Typpö)

Ennen täältä pääsi yhdellä vaihdolla New Yorkiin,

nyt vaihtamatta

Ähtärin Eläinpuiston seisakkeelle.

Minulla ei ole juuri nyt asiaa kumpaankaan.

Kävelen Järvisestä lammenrantaan.

Kaivan kassista ison omenan,

haukkaan ja kuuntelen Juicea Spotifysta.

Olen elokuun illassa kuu.

Sielun tila Vilppula.

Kiskot kahteen suuntaan.

Soita metsiä kankaita.

Keskuskadulla kirjasto ja kuoppia.

Vapaakirkko ja vankila.

Keväin syksyin kumit alle Essolla.

Oikeastaan

aika hyvä pano.

POST ILLA VERBA TEXTUS:

MINUN VILPPULAANI

Saarnasin ensimmäisen kerran Vilppulan kirkossa syyskuussa 1991. Pidin näytejumalanpalveluksen seurakunnan kappalaisen vaalissa. Tuohon aikaan sellaiset toimitettiin vielä välittöminä – kirkkoneuvosto alkoi valita kappalaiset vuonna 1996. Viikkoa myöhemmin toimitetussa vaalissa minut valittiin virkaan. Muistaakseni 174 seurakuntalaista äänesti puolestani. Vastaehdokkaan äänimäärä oli 7. Valtaosaa vilppulalaisia asia ei kiinnostanut. Siitä joka tapauksessa alkoi minun ja Vilppulan yhteiselämä.

Oikeastaan rinnakkain kulkeminen oli tietysti alkanut jo aikaisemmin. Äitienpäivänä 1991 kävimme Tampereen likan kanssa lounaalla ravintola Ukonselässä (joka tietysti oli oikeasti *Kolhossa*). Päätin etukäteen, että jos Vilppulan kunnan alueella on aurinkoista, haen seurakunnassa avoimeksi julistettua vakanssia. Aurinko paistoi. Likallakaan ei ollut mitään Vilppula-ajatustani vastaan. Tulevasta esimiehestäni en tiennyt mitään, mutta otin riskin. Päättelin, että jos mies on suostunut neljän lapsen isäksi, hän ei voi olla ihan mahdoton. Tässä kohdin tämä logiikka piti.

Sitten tuli marraskuu ja se ilta, jolloin kaikki oli sekaisin olohuoneen lattialla – tavarat, vaimo ja tytär. Siitä alkoi toden teolla minun Vilppulan aikani, joka jatkuu edelleen.

Toimin Vilppulan seurakunnan kappalaisena vuodet 1991-1995. Tuosta ajasta olin hoitovapaalla elokuusta 1993 maaliskuuhun 1994. Tuolloin perheemme oli kasvanut toisella tenavalla ja kolmatta odoteltiin saapuvaksi. Kyseiset kuukaudet ovat työurani paras ajanjakso. *"Voi tätä maata ja kansaa"*, huudahti eräs isäntämies seurakuntaillassa, kun kuuli koti-isäksi jäämisestäni. Olin noihin aikoihin myös toinen kahdesta paikkakunnan aikuisesta miehestä, jotka käyttivät pyöräilykypärää. *"Aikuisella kypärä päässä"*, joku naperoikäinen hihkaisi kerran epäuskoisena äidilleen – jolla ei tietenkään ollut kypärää. Olin jo tuolloin siinä käsityksessä, että aivoissani on jotain suojeltavaa. Pidän tästä ajatuksesta kiinni edelleen. Lukija voi sitten arvella ajatukseni katetta tekstieni ääressä.

Mutta mukavia vuosia olivat vuodet Vilppulan seurakunnassa. Vilppulan, Kolhon ja Pohjaslahden kirkot tulivat tutuiksi ja ennen kaikkea ihmiset. Leirikoti Kalliola täytti muistojeni laaria. Seurakuntaillat pitkin pitäjän kyläkuntia opettivat elämänymmärrystä. Ja niin edelleen. Elämänmäelläkin kävin aika ajoin.

Seurakuntaviran lisäksi hoidin vankilapastorin tehtäviä Kotiniemellä eli Vilppulan vankilassa. Sivutoimeni tarkoitti käytännössä yhtä iltaa viikossa linnakkeella. Tätä menoa kesti vuodet 1993-2004. Halkaisin siis Vilppulan vankilareissuillani vielä pitkään sen jälkeen, kun päätyöni oli siirtynyt Mänttään vuoden 1996 alussa. Vankila ei ole ihan kokonaan lähtenyt minusta, minkä tämän kirjan lukija huomaa. Onpa yksi runoista omistettu vuonna 2018 kolmikymppisiään juhlivalle Kotiniemen linnakkeelle.

Matkani jatkui palkkahommien osalta sairaalapapiksi Tampereelle huhtikuussa 2004, mutta jäin asumaan Mänttään. Entinen työtoverini Vilppulasta totesi siirtymisestäni kuullessaan: *"Sä sovit varmaan tosi hyvin sinne psykiatriseen sairaalaan."* Olen iloinnut tästä lausumasta monta kertaa. Toimin tosiaan Tampereen pestini aluksi osan työviikostani Pitkäniemen pappina Pyhäjärven Nokian puoleisella sivulla. Ja varmasti vanha työkaveri tiesi. Vilppulassa tiedetään asioita.

Vilppula oli monta vuotta kohdallani kuin sivuraiteella. Kävin kyllä siellä mm. keväin syksyin vaihdattamassa renkaita autooni. Keväällä 2016 markkinavoimat puhalsivat linja-autojen seutulippujärjestelmän kumoon ja samalla katosi hintaero niiden ja junan (lue: kiskobussi) väliltä. Lyhemmän matka-ajan takia siirryin käyttämään junaa. Näin Vilppulasta tuli taas osa arkipäivittäistä elämääni. Ja kiskobussista riemuni ja rikkauteni. Välillä liikennettä on yritetty lopettaa, mutta siinä ne edelleen kulkevat. Kolhostakin pääsee kyytiin.

Matka jatkuu, kunnes se loppuu. Tämä kirja alkaa olla tässä. Tulee aika karistaa mahdollisesti liepeisiin pesinyt haikeus ja keskittyä elämään – siitä huolimatta, että jään kysymään sitä, minkä joskus totesimme yhteiseksi pohdinnoksemme pitkäaikaisen tuttavani, maskulaisen muusikon ja tekstintekijän

Mika "Mike" Jokisen kanssa: miksi lauluihimme jää aina soimaan jokin merkillinen kaipuu. Tässä kohdin muistan erityisellä lämmöllä edesmenneitä työtovereitani **Vesa Aittosta, Juha Levelää ja Mika Jokista** (jota ei pidä sekoittaa *Maisemassa*-osion yhteydessä mainittuun maskulaiseen nimikaimaansa) Vilppulan vankilalta – samoin jo ajan rajan ylittäneitä **Raimo Kemppaista** ja **Toivo Närvästä,** joiden kanssa hoitelin monia mieleeni painuneita työtehtäviä seurakunnassa. Kaikki nämä miehet ovat jotenkin olleet nojailemassa pöytäni kulmaan, kun olen koostanut tätä kirjaa. Moni muukin on käväissyt. Tottahan siinä on paljon eläviäkin pyörähtänyt. Tarkkavainuinen lukija löytää tekstistäni esimerkiksi viittaukset vilppulalaisiin kirjamiehiin **Pekka Kejoseen** ja **Pauli Masoon** – molempia olen lukenut.

Ja kiitos Tampereen likalle, että hän lähti kanssani Vilppulaan vuonna 1991.

Vilppulan vaiheilla toukokuussa 2018

Teemu Paarlahti

JULKAISUTIETOJA

Tässä kokoelma koostuu osin aikaisemmin julkaistusta materiaalista. Niiden osalta tiedot ovat alla. Muut tekstit ilmestyvät nyt ensimmäistä kertaa.

Metsän keskellä Jugend

– kaikki sarjan runot tekijän teoksesta *Vilppula, sielun tila. 571 neliökilometriä koillista leveyttä.* MC Pilot. Tampere 2001.

Maisemassa

– *Jostakin on lähdettävä, Pyöräilen yhdeksän kilometriä Vilppulan kirkolle, Vilppulan kirkko on oikeaoppisesti, Vilppulan kirkko ei olisi laisensa ilman vettä, Pyöräilen yhdeksän kilometriä Vilppulan kirkolta*: tekijän kertomuksesta *Puun lumo, veden lumo*, joka sisältyy hänen teokseensa *Betlehemin tähtipölyä. Joululehtijuttuja ja niiden johdannaisia 1988-2016.* BoD. Helsinki 2016.

– *Hopunmäki panee läähättämään, Vilppureitin vartiotorni, Muistomerkit kahden puolen virtaa, Pioneerit ovat saartaneet kirkon, Piirrän vaakunaan junan, Katsokaa*: tekijän teoksesta *Vilppula, sielun tila. 571 neliökilometriä koillista leveyttä.* MC Pilot. Tampere 2001.

– *Maisema*: tekijän kokoelmasta *Jäminkipohja Sundae*. BoD. Herlsinki 2015.

– *"Säteilevän tyynen ja helteisenä aamuna"*: tekijän artikkelista *Kalmisto – hautausmaa – kirkkomaa* teoksessa *Vilppulan kirkot ja hautausmaa*. Toim. Raimo Kemppainen. Vilppulan seurakunta. Vilppula 1994. Sitaatit **Olavi Paavolaisen** teoksesta *Synkkä yksinpuhelu*. 4.p. Otava. Helsinki 1963.

– *Sankari*: tekijän kokoelmasta *Taivas on harmaa Cadillac. Partisaanimusiikkia*. Runogalleria. Helsinki 2000.

– *Katselen jäälle*: teoksesta *Palstakirja. Neljän polven istutuksia*. Toim. Teemu Paarlahti. BoD. Helsinki 2016.

– *"Kunnes taas lähden."*: sitaatti on **Mika "Mike" Jokisen** kirjoittamasta ja **Rattlers**-yhtyeen levyttämästä saman nimisestä kappaleesta, joka liittyi tekstikoosteeseeni Vilppulan vaiheilla 2018 –esityksessä. Kappale on julkaistu Rattlersin albumilla *18/21* (Plastic Passion 2016).

Vankila kasvaa tomaatteja

– *(I'm the ocean me hoilattiin)*: teoksesta *Alue 96*. Hämeen läänin taidetoimikunnan julkaisusarja 1996:4. S.l. Runo sisältää viittaukset **Aleksi Kiven** *Seitsemään veljekseen* ja **Neil Youngin** kappaleeseen *I´m the Ocean* (albumilla *Mirror Ball*, Reprise/Epic 1995)

– *Järvi ja saari*: teoksesta *Vapaus nyt. Valikoima kilpailurunoja*. Toim. Petri Tamminen. Lahden Runomaraton ry. Lahti 2001.)

Oikeastaan aika hyvä

– *Ajan pohjoiseen taajamaan*: teoksesta *Runo100*. Toim. Markku Heino. Reuna. Kouvola 2017.

SISÄLLYS

OIKEASTAAN AIKA HYVÄ   71

"Eletyn päälle vedetään risti,

ei kunniakierrosta."

(Paarlahti)

Lue lisää Paarlahden leveydeltä:

www.paarlahti.blogspot.com